Poder, Proteção, Salvação e Glória

DEDICATÓRIA

$\mathcal{D}$edico este livro a todos que desejam conhecer e viver uma profunda e sobrenatural comunhão com esse Deus Poderoso e Maravilhoso do salmo 91.

AGRADECIMENTOS

$\mathcal{A}$gradeço a Deus, Todo-Poderoso, Pai Amoroso e Senhor da minha vida, pela oportunidade de servi-Lo.

À minha família: meu esposo Claudemir; Matheus, meu filho mais velho, e, em especial, o meu filho Vitor que, com suas observações e questionamentos, desafiou-me a rever conceitos e ir mais além.

Ao pastor Paulo Cunha Jr pelas orientações e preciosos conselhos que enriqueceram esse livro.

Sr. Juergen que, acreditando no potencial dessa obra, está abrindo portas para a Palavra de Deus fazer a diferença na vida de muitas pessoas.

E, por fim, a você que está me dando agora a oportunidade de juntos vivermos uma intensa e maravilhosa descoberta: que mesmo a distância, seja geográfica ou temporal, estaremos em comunhão, por meio desse livro, com Deus, o Pai Amoroso, Jesus Cristo, o Filho, nosso Salvador, e o Espírito Santo, nosso Consolador.

©TODOLIVRO LTDA.

Rodovia Jorge Lacerda, 5086 - Poço Grande
Gaspar - SC | CEP 89115-100

Texto:
Cristina Marques

Revisão:
Helena Cristina Lübke

IMPRESSO NA CHINA

Dados Internacionais de Catalogação na Publicação (CIP)
(Câmara Brasileira do Livro, SP, Brasil)

Marques, Cristina
Salmo 91 / Cristina Marques
Gaspar, SC: SBN Editora, 2022.

ISBN 978-85-376-4451-5

Oração 2. Vida Espiritual I. Título.

08-06513   CDD-248.32

Índices para catálogo sistemático:

1. Oração: Prática religiosa: Cristianismo   248.32

SUMÁRIO

Aquele que habita no esconderijo do Altíssimo 10

À sombra do Onipotente descansará 12

Direi do Senhor: Ele é o meu Deus, o meu refúgio, a minha fortaleza 14

e nEle confiarei 16

Porque Ele te livrará do laço do passarinheiro 18

e da peste perniciosa 20

Ele te cobrirá com as suas penas, e debaixo das suas asas estarás seguro 22

a sua verdade será o teu escudo e broquel 24

Não temerás espanto noturno 26

Nem seta que voa de dia 28

Nem peste que ande na escuridão 30

Nem da mortandade que assole ao meio-dia 32

Mil cairão ao teu lado, e dez mil à tua direita, mas tu não serás atingido 34

Somente com teus olhos olharás e verás a recompensa dos ímpios 36

Porque tu, ó Senhor, é o meu refúgio, O Altíssimo é a tua habitação 38

Nenhum mal te sucederá, nem praga alguma chegará à tua tenda 40

Porque aos seus anjos dará ordem a seu respeito, para te guardarem em
todos os teus caminhos 42

Eles te sustentarão nas suas mãos para que não tropeces com teu pé em pedra 44

Pisarás o leão e a áspide; calcarás aos pés o filho do leão e a serpente 46

Pois que tão encarecidamente me amou, também eu o livrarei 48

Pô-lo-ei num retiro alto, porque conheceu o meu nome 50

Ele me invocará, e eu lhe responderei 52

Estarei com ele na angústia 54

Livrá-lo-ei 56

e o glorificarei 58

Dar-lhe-ei abundância de dias 60

E lhe mostrarei a minha salvação 62

CURIOSIDADES SOBRE O SALMO 91

O livro de salmos é de uma beleza especial por se tratar de uma coletânea de cânticos e orações que refletem toda espécie de experiência do homem com Deus nos mais diversos momentos da vida: nas horas de luta, de medo, de perseguição, de batalha, de vitória, de alegria e de adoração ao Deus Poderoso. Tais textos tiveram diversos autores: Davi, a quem são atribuídos 73 dos 150 salmos; seu filho Salomão; Moisés e homens que tinham a atribuição de conduzir o louvor junto ao povo de Israel, como Asafe, Etã e os filhos de Coré. Muitos salmos, no entanto, ficaram sem autoria. Um deles é o salmo 91.

O salmo que o antecede, o salmo 90, foi escrito por Moisés e há quem diga que o salmo 91 também foi escrito por ele. No entanto, existem outros estudiosos que alegam ser mais um salmo de Davi.

Olhando atentamente e investigando cada frase e termo utilizado, encontramos características que apontam tanto para um como para o outro.

Quando lemos "à sombra do Onipotente", "esconderijo do Altíssimo", lembramo-nos da nuvem de Deus que cobria Moisés e o ocultava aos olhos do povo no Monte Sinai.

"Ele te livrará do laço do passarinheiro, e da peste perniciosa" e "praga alguma chegará à tua tenda" lembram dos livramentos que o povo de Israel teve quando, ainda no Egito, Deus enviou as pragas para castigar o faraó e seu povo.

"Verás a recompensa dos ímpios" pode simbolizar o momento em que o exército do faraó, que perseguia os israelitas, sucumbiu quando as águas do Mar Vermelho se fecharam sobre eles, afogando todos bem diante dos olhos do povo de Deus.

No entanto, por ser um cântico de batalha (pois é o que sugerem os versos), podemos ver Davi descrevendo a ação de Deus por seu povo, por meio das comparações: "Sua verdade é escudo e broquel". Das ações do inimigo: "Não temerás terror noturno", "nem seta que voe de dia". E o resultado da proteção de Deus na guerra: "Mil cairão ao teu lado e dez mil à tua direita".

Sendo assim, Moisés ou Davi, seja qual for o autor, temos a plena convicção de que ambos viveram experiências maravilhosas e inesquecíveis com o Deus Altíssimo e esse salmo nada mais é do que o retrato fiel de uma vida repleta de poder, de proteção, de salvação e de glória que hoje também temos o privilégio de desfrutar.

DIVISÃO DO SALMO 91

Versículos 1 e 2
O salmista declara quem Deus é.

Versículos 3 a 10
O salmista declara o que Deus faz.

Versículos 11 a 13
O salmista declara quem Deus ordenou
que ajudasse e o que fazer.

Versículos 14 a 16
Não é mais o salmista, mas sim o próprio Deus quem
declara o que fará para os que O amam.

Palavras da Autora

De todos os salmos da Bíblia, o salmo 91 sempre foi o mais lido, reproduzido e utilizado de diversas maneiras. Cercado por uma aura mística, em alguns lares observa-se a Bíblia aberta no salmo 91 como uma forma de proteção. No entanto, é necessário esclarecer que tanto as promessas de poder e proteção do salmo 91 como todo o restante das promessas contidas na Bíblia são de fato e de direito pertencentes ao cristão que crê e obedece a Deus. E as promessas realmente são maravilhosas, profundas e abrangentes! Quando recebi o convite para escrever esta obra, senti uma imensa alegria e ao mesmo tempo certa preocupação. Seria um desafio intenso e extenso transcrever para uma linguagem simples, clara e objetiva um texto tão simbólico, cheio de significados e revelações. Trabalhei com devoção e dedicação para fazer o meu melhor a fim de honrar esse compromisso com a excelência que ele merece. Viver uma vida sobrenatural em Cristo é dedicar a sua vida a compreender o Amor de Deus e a Sua Vontade por meio da Bíblia. É usufruir do privilégio de desvendar grandes e fascinantes mistérios, deslumbrar-se e surpreender-se com o belo e extraordinário Reino dos Céus que Ele tem para todos nós. E implica assumir a responsabilidade de testemunhar para todos que cruzarem seu caminho. Os salmos são como degraus que nos levam rumo ao Santo dos Santos, o lugar onde a Glória de Deus pode ser vista face a face. E o salmo 91 representa um pouco dessa visão e intimidade. Você pode imaginar o quanto será importante e transformador viver esse salmo em sua vida? Então, pela fé, dê um passo na direção desta que será a experiência mais poderosa e renovadora que você terá. E que o Altíssimo e Maravilhoso Deus mostre a você o Seu Amor e Sua Glória.

Cristina Marques

Aquele que Habita no Esconderijo do Altíssimo

El Elyon, o Deus Altíssimo é o Senhor Supremo, Deus acima de todos os deuses, Rei dos reis e Senhor dos senhores, ou seja, igual ao nosso Deus não houve e nem haverá outro igual em poder, santidade e glória. Altíssimo porque se eleva acima do tempo e espaço, não tem princípio ou fim. E habitar em seu esconderijo é a felicidade e segurança absoluta do salmista. Habitar é morar, residir, permanecer. O salmista fala de uma relação de convivência. Nos tempos antigos, quando alguém se hospedava em uma tenda de Israel, era protegido e guardado pelo próprio dono. Nada e nem ninguém poderia lhe fazer mal algum, pois a Lei da Hospitalidade era a garantia dessa segurança. Todos os benefícios, todas as promessas e garantias que estão contidas neste salmo estão assegurados, somente aquele que "habita" no esconderijo do Altíssimo. Mas então você pergunta: "Onde é o esconderijo do Altíssimo? Onde o Senhor está?". Primeiramente, em Sua Palavra, Deus vive em Espírito nas páginas da Bíblia. Quando você lê as Escrituras Sagradas está convivendo com Deus: ouvindo a Sua voz, recebendo os Seus conselhos, conhecendo a Sua vontade e descobrindo os planos dEle para você. Quando mergulha em Sua Palavra, está na verdade adentrando no mais sagrado e inestimável lugar: na presença do Verbo que se transforma em Palavra Viva e fala ao seu coração e descortina para você as maravilhas que tem guardado para os que O buscam. Além da leitura da Sua Palavra, na oração você adentra o esconderijo do Altíssimo de maneira pessoal, íntima e particular. Penetra em uma dimensão celestial e passa a viver na presença do Altíssimo com seu coração e sua alma. Também encontrará Deus na igreja. O lugar onde se reúne o povo de Deus para receber e compartilhar da graça do Altíssimo, adorando-o em serviço e amor uns pelos outros. Quando o povo de Deus chega à igreja, Deus já está à espera dos Seus, conforme prometeu a Salomão

quando da dedicação do primeiro templo: "Agora estarão abertos os meus olhos e atentos os meus ouvidos à oração deste lugar. Porque agora escolhi e santifiquei esta casa, para que o meu nome esteja nela perpetuamente; e nela estarão fixos os meus olhos e o meu coração todos os dias" (II Crônicas 7:15 e 16). Habitar exige mais tempo do que uma rápida visita "de vez em quando", ficar um pouco de tempo ou ainda de tempos em tempos. Faz-se necessária uma comunhão íntima com Deus e uma união com os irmãos para intensificar o poder desse viver com Ele. E, por fim, todo aquele que confessou Jesus como seu Senhor e Salvador, que O ama e guarda os Seus mandamentos, se tornou morada de Deus e do próprio Jesus por intermédio do Espírito Santo, quem afirmou isso foi o próprio Jesus como está em João 14:23. Então pode ter a certeza de que Deus, o Pai, Jesus, o filho e o Espírito Santo habitam em você! E esse habitar é um conviver diário, constante, de maneira permanente e definitiva que precisa e deve ser exercitado em ações e orações para que nos lembremos de todas as promessas de proteção, salvação, poder e glória deste salmo.

Oração

Pai querido,
Deus Altíssimo e Maravilhoso, obrigado por revelar minha condição. Quero aprender a ouvir Sua voz e conhecer Sua vontade para mim.
A partir de agora quero "conviver" por meio da Sua Palavra, Sua casa e na comunhão e oração para sentir de perto o Seu Amor e receber os Seus cuidados para a minha vida, hoje e sempre.
Em nome de Jesus.
Amém.

À Sombra do Onipotente Descansará

El Shaday, o Todo-Poderoso, Deus Onipotente cujo poder não há limites, o Deus Soberano que realiza milagres e maravilhas e tem poder para sustentar e proteger seu povo como fez no deserto. Só quem caminhou no deserto sob um sol escaldante, sentindo a garganta seca e a pele arder, com dores e tonturas diante da exposição prolongada às altas temperaturas, sabe a importância vital de uma sombra para descansar e restabelecer as forças. O povo de Deus, quando esteve peregrinando no deserto sob o comando de Moisés, durante quarenta anos, usufruiu da maravilhosa presença de Deus durante o dia, na forma de uma nuvem que ia adiante deles guiando-os pelo caminho; ela os cobria e se movia à medida que eles caminhavam (Êxodo 13:21). Dessa maneira, eles estavam permanentemente à sombra do Todo Onipotente. Esse fato demonstrava o interesse dEle com o bem-estar e a segurança do seu povo. Nos dias de hoje, não é diferente. Diante de uma rotina estressante, com situações que colocam à prova nossa capacidade de resistência, tolerância e paciência, descansar à sombra do Onipotente representa para nossa vida uma oportunidade de recarregar nossas forças e receber de Deus os cuidados necessários para evitar o perigo de desfalecer na caminhada. Quando sentir que está à beira da exaustão, ou seja, sentindo grande cansaço físico, mental ou emocional; sobrecarregado – muito atarefado, sentindo-se oprimido por tanta pressão colocada em seus ombros; subjugado por pessoas contrárias a você, que querem prejudicá-lo; enfrentando situações que promovem infelicidade, perda, dor e tristeza; sentindo-se deprimido, ansioso, preocupado e aflito, é preciso descansar à sombra do Todo Onipotente, pois nesses momentos ali é o único lugar no qual você pode encontrar repouso, descanso, alívio, bem-estar e segurança.

O poder que emana de Sua presença é completo e abrangente. Você se revigora, liberta-se da força opressora e maligna que aprisiona seus pensamentos e sentimentos, restaura sua fé e esperança e pode se colocar de pé para seguir sua jornada. O convite foi feito por Jesus: "Vinde a mim, todos os que estão cansados e oprimidos e eu vos aliviarei." (Mateus 11:28).

Oração

Pai querido,
Onipotente Deus, estou tão cansado!
Meu coração está aflito e sinto-me oprimido
e exausto, fisicamente e emocionalmente.
Quero descansar à Sua sombra.
Receber Seus cuidados, sentir o alívio de
estar sob Sua proteção e ser envolvido por
Sua paz, restaurar minhas forças e seguir
mais forte e confiante, agora e sempre.
Em nome de Jesus, eu agradeço.
Amém.

Direi do Senhor: Ele é o Meu Deus, o Meu Refúgio, a Minha Fortaleza

Ele é o meu Deus

É tão especial o relacionamento de Deus com seu povo que as palavras não podem descrever a felicidade sobrenatural que resulta dessa convivência. Deus tem prazer em Se revelar, falar, agir e caminhar com os que creem nEle como seu Deus. Quando a comunhão se estabelece é de tão grande impacto que transforma a nossa forma de pensar e sentir ao descobrir a intimidade pessoal que pode ser desenvolvida com um Ser tão maravilhoso, supremo e poderoso e ao mesmo tempo tão amoroso e compassivo. Por ser Deus, Ele não tem limite de espaço e tempo, não existem barreiras linguísticas, limitações físicas ou cerebrais, impedimentos quaisquer que O impeçam de se comunicar conosco, falando ao nosso coração e à nossa consciência, tornando-se sempre presente em nosso viver diário sejam quais forem as circunstâncias. Sim, podemos ouvi-lo! Podemos sentir sua presença, nosso coração se enche de alegria e paz e nossa mente se abre para receber e compreender Suas palavras. Quando você se apropria do termo "meu" para se referir a Deus, declara que a proximidade é tanta que se torna particular, pessoal, íntimo e real. Um Deus que o conhece como você realmente é, com quem você pode se abrir e conversar abertamente sobre tudo e receber dEle também tudo o que precisa.

O meu refúgio

Refúgio é um lugar que você vai quando se sente em perigo, fragilizado, ferido, com medo ou inseguro e precisa de amparo e proteção. Deus representa o refúgio perfeito. Em Deus, você se sente seguro, aconchegante, tranquilo e protegido contra todas as forças do mal. Recebe abrigo e conforto, consolação

e paz. Deus promove toda a atmosfera que você precisa para restaurar sua confiança e suas forças.

A minha fortaleza

Em alguns momentos, você se encontra travando verdadeiras batalhas: seja no campo moral, emocional ou espiritual de sua vida. Sua mente, seu corpo e seu coração se debatem entre o certo e o errado. Lutar contra impulsos, ofertas, vícios, desejos e tentações se torna cada vez mais difícil. Por vezes, são lutas internas e silenciosas; em outras, trata-se de uma luta externa e extremamente desgastante e perigosa. Deus é a verdadeira fortaleza para protegê-lo; você precisa dessa blindagem mental, moral e espiritual que Ele fornece. Uma força que o mantenha firme e inabalável em sua decisão, convicção e escolha diante de qualquer situação. Numa guerra, a fortaleza é o lugar mais seguro e protegido que um soldado precisa para se manter vivo e bem. Neste mundo em que vivemos, Deus é sua fortaleza para seu corpo, sua alma e seu espírito se guardarem íntegros, puros e incorruptíveis e resistirem nos dias maus.

Oração

Pai amado,
agradeço por tudo o que faz por mim.
Hoje e sempre, Senhor, seja o meu Deus.
Quero me refugiar em Seus braços, encontrar proteção
e paz. Seja a minha fortaleza, onde estarei seguro e
poderei resistir contra as lutas que enfrento em
meu ser e na minha vida. Em nome de Jesus.
Amém.

E nEle
Confiarei

Confiar em Deus é muito mais do que simplesmente acreditar nEle. A confiança se baseia em um conhecimento profundo e verdadeiro a respeito do Senhor. Mais do que acreditar, confiar é se permitir vivenciar experiências com Deus, sabendo que Ele é fiel para cumprir com suas promessas e poderoso para realizar todas as obras que determinou. E ser conhecedor de nossa vida vai além do que as pessoas veem (Ele sonda nosso coração e nossos pensamentos); Ele ama você como realmente é e esse amor segue transformando você. O relacionamento se aprimora a ponto de se estabelecer um vínculo forte que não se desfará, independentemente da ocasião ou situação. Sabendo que Ele não falha, por maior que seja a prova, o desafio ou o perigo, seu coração não temerá e nem duvidará, pelo contrário, estará sempre pronto para provar sua total e irrestrita crença de que Ele o surpreenderá de uma maneira toda especial. Pense comigo: o que é que foi mais impactante na história de Daniel, livrar-se de entrar em uma cova com leões ou entrar na cova e ver o livramento de Deus dentro da cova? (Daniel 6:22). E os amigos de Daniel que foram jogados com pés e mãos amarrados na fornalha? Hananias, Mizael e Azarias (mais conhecidos por Sadraque, Mesaque e Abedenego, nomes que eles receberam na Babilônia Daniel 1:7), quando o rei foi espiar, viu que não eram mais três, mas quatro jovens e que estava andando livremente pelas chamas, pois Deus enviou um anjo para livrá-los e estar com eles. (Daniel:3:24/25). Você pode pensar que Deus não age nos dias atuais. Mas eu sou testemunha de que Ele é o mesmo hoje e sempre. Tendo visto e vivido situações das quais não me canso de agradecer. É tão maravilhosa a oportunidade de ter esse Pai amoroso e dedicado, um Deus tão magnífico que não se cansa de demonstrar Seu cuidado,

engenhosidade e criatividade para com Seus filhos. Sabendo que **"todas as coisas contribuem juntamente para o bem daqueles que amam a Deus, daqueles que são chamados segundo o seu propósito"** (Romanos 8:28), sua mente estará serena e seu coração fortalecido e toda e qualquer área de sua vida estará protegida e você será mais confiante no Deus fiel que fez a promessa.

Oração

Pai amado,
ensina-me a confiar mais em Seu amor, em Seu poder e em Suas promessas para minha vida. Quero ser fiel à Sua Palavra e obedecer com a mesma determinação que Seu Filho Jesus. Confiar a tal ponto de não temer e nem duvidar dos dias futuros, pois o Senhor estará comigo até o fim. Em nome de Jesus.
Amém.

Porque Ele Te Livrará do Laço do Passarinheiro

Quem caça passarinhos conhece e sabe preparar uma armadilha feita com finas cordas que são colocadas, disfarçadamente, no chão, cobertas com folhagens, e no centro da armadilha são colocadas as iscas. E quais são elas? Sabemos que o que atrai o passarinho para tais armadilhas geralmente são um fruto, sementes, um vermezinho utilizado para alimento e folhas que ele pode usar como alimento ou para fazer o ninho. Os caçadores, porém, também sabem quais são as necessidades do passarinho e do que eles gostam e usam exatamente isso. Conhecem os lugares que os passarinhos frequentam e ali montam armadilhas estratégicas para serem vistas, sempre de forma disfarçada e atraente. Que semelhança com as tentações, não é mesmo? O inimigo de nossa alma conhece nossas necessidades, fraquezas e preferências. E, conhecendo nossos hábitos, sabe o momento e o local para colocar suas armadilhas. Não conheço ninguém que não tenha sido tentado, até Cristo foi tentado — e não só uma, mas três vezes! Se observarmos bem, as três tentações representam em nossa vida as fraquezas que lidamos todos os dias: fome (do corpo), vaidade e cobiça (alma). Pense em quantas vezes você esteve diante de situações das quais você nem desconfiava que eram armadilhas (o passarinho também não; se não, não entraria): uma proposta vantajosa de ganho que envolveria um esquema aparentemente inocente; uma pessoa tão linda, atraente e sedutora que seria difícil resistir ou ignorar; um convite para ir a um lugar imperdível, experimentar uma coisa especial; ou, ainda, um negócio arriscado, mas que tiraria você de uma situação difícil. São várias as armadilhas. Um fato é inegável: elas aparecem em ocasiões em que você se encontra distraído, desanimado, desesperado ou insatisfeito. Elas oferecem o que você mais precisa, deseja ou procura e com uma aparente facilidade que não tem como recusar. Nesse momento, você nem pensa no preço ou na consequência do depois, está tão envolvido, encantado ou subjugado que, quando vê, já é tarde! Deus é tão maravilhoso e nos conhece tão bem que está atento a todas essas armadilhas. Ele nos previne acerca das tentações e nos livra das armadilhas. E se, por um acaso, fraquejamos e caímos em tentação, Ele é poderoso e misericordioso para nos perdoar e nos livrar, então nos dá ainda mais uma oportunidade. Assim como foi com a mulher apanhada em adultério e levada à presença de Jesus pelos judeus para receber a sentença e a condenação segundo a Lei de Moisés: morrer apedrejada. Jesus declarou que aquele que não tivesse pecado atirasse a primeira pedra. Quando, um a um, os judeus se retiraram, Jesus perguntou para a mulher onde estavam os que a acusavam e condenavam e, quando ela disse que eles tinham ido embora, ele declarou: "Nem eu também te condeno; vai-te, e não peques mais" (João 8:3 a 11). Dessa maneira, sabemos que, se cairmos em tentação, Deus é poderoso para nos salvar, perdoar e dar nova chance. **"Se confessarmos os nossos pecados, Ele é fiel e justo para nos perdoar os pecados, e nos purificar de toda a injustiça"** (I João 1:9).

Oração

Pai querido, eu peço que me dê força e sabedoria para resistir às tentações dessa vida. Clamo ao Senhor por misericórdia quando tropeçar no caminho. Bendito és, Senhor, que me ergue novamente, me fortalece na força do Seu poder e me faz continuar no caminho da Graça que foi concedida pelo sangue do Seu Filho. Ajuda-me Senhor a sempre encontrar maior prazer em viver na Sua Presença, fazendo a Sua Vontade do que nas ofertas desse mundo. Em nome de Jesus, Amém.

E da Peste Perniciosa

Peste perniciosa (ou doença contagiosa), os maiores males que castigavam na época do salmista causando medo, dor e morte e ainda nos dias de hoje espalham desgraça. Com certa frequência, vemos na Bíblia uma doença contagiosa, que se espalhava pela região e é citada em várias passagens: a lepra. Essa doença era comparada ao pecado porque na época a lepra era incurável, assim como o pecado. Na época, não havia perdão definitivo e perfeito, somente a condenação ou expiação quando um animal em sacrifício pagava pelos pecados. Então vemos aqui dois grandes males da peste perniciosa: o mal físico, quando o corpo é contagiado pela enfermidade; e o mal espiritual, quando a alma é contaminada pelo pecado. Uma peste perniciosa é cruel porque não escolhe vítimas, contamina todos, espalha-se com facilidade e produz dor, sofrimento e, por vezes, a morte em grande escala. O pecado não é diferente: age com a mesma rapidez, alcança todos e não poupa ninguém. Vamos comparar o aparecimento e o desenvolvimento da lepra com o pecado: uma vez que a pessoa contrai a lepra, a doença não se manifesta imediatamente; ela fica oculta por um tempo até aparecerem os sintomas, assim como o pecado que, quando é praticado, pode permanecer por um tempo escondido, mas acaba por ser revelado ou descoberto. Da mesma forma que a doença é transmitida por contato, quando você peca com alguém as duas pessoas ficam contaminadas, seja pela intenção, realização, facilitação, ocultação ou cumplicidade. Quando a lepra se instala no corpo, a sensibilidade desaparece, a pessoa não sente mais dor ou qualquer sensação na parte contaminada pela doença. Com o pecado é a mesma coisa, a pessoa perde a noção de arrependimento, continua pecando e já não percebe mais o quanto está contaminada e longe da santificação, esfria a sua intimidade

com Deus e passa a fingir que está sã na fé. Existem ainda outros sinais, mas vamos nos ater ao mais importante: a lepra deformava a pessoa e matava aos poucos, tal qual o pecado deforma a alma e mata lentamente, condenando a pessoa para sempre. Mas para a alegria do salmista, Deus o livra da peste perniciosa. Podemos dizer hoje que, assim como a lepra tem cura, o pecado também tem: Jesus Cristo. Na época em que Ele caminhou neste mundo, curou leprosos e perdoou pecadores. Quando morreu na cruz, levou consigo todos os pecados, as dores e as enfermidades. E, quando ressuscitou, venceu a morte, que era o destino de todos nós. Agora, assim como o salmista, você que crê nesse Jesus, confessou ser Ele o seu Salvador, pode crer que o Senhor tem esse poder de livrá-lo da peste perniciosa que é o pecado.

Oração

Pai amado,
pelo sacrifício de Jesus na cruz,
eu peço, me livre da peste perniciosa,
que é o pecado.
Cura meu corpo, meu coração e meu
espírito e me dê saúde e salvação.
Amém.

Ele Te Cobrirá com as Suas Penas, e Debaixo das Suas Asas Estarás Seguro

Ao ler este versículo, a imagem que vem à mente é a da galinha que, ao ver uma águia, um gavião, ou qualquer ave de rapina voando rapidamente no céu, mergulhando na direção dos seus pintinhos, pronta para atacar, corre ao encontro de seus filhotes e estende as asas para que eles se abriguem debaixo delas enquanto luta para espantar o predador. Deus faz a mesma coisa, colocando você sob Sua proteção para evitar que seja apanhado de surpresa por um ataque do maligno ou catástrofes ocasionadas. Pense que uma ave de rapina é veloz, feroz e mortal para um filhote indefeso. Por mais que ele corra, não escapa do alcance de um animal em pleno voo e com garras afiadas e fortes. Assim você não tem chance contra um ataque que pode vir de qualquer lado e numa velocidade e ferocidade para a qual não está preparado: seja um ato de violência urbana como um assalto, uma bala perdida num tiroteio, um desastre de automóvel ou atropelamento, ou ainda tragédias como incêndio, enxurrada, enchente, deslizamento, furacão, terremoto, erupção vulcânica ou avalanche. Há ainda os que estão sujeitos a bombas e ataques terroristas repentinos e realizados de diversas formas e em variados lugares. Existem motivos de sobra para temer o imprevisível, afinal, você sabe que, ao sair de casa, sem ter certeza se volta, precisa confiar que está debaixo das asas do Senhor e sob Sua proteção. Deus é fiel e poderoso para guardar a sua vida aqui e agora e permanecer guardando-a para a eternidade. Jesus, quando ressuscitou, declarou antes de subir aos céus: **"E eis que estou convosco todos os dias até a consumação dos séculos"** (Mateus 28:20). Melhor companhia não há, não é mesmo? Então, se Cristo está ao seu lado, não tenha medo.

Oração

Pai querido,
obrigado por me guardar e proteger.
Nesses dias de tanta violência e perigos,
espalhando o medo e a preocupação,
quero crer que Seu poder e Seu amor
me levam e me trazem em segurança.
Vivo plenamente pela fé e sei que Seu
cuidado é o mesmo hoje e sempre.
Em nome de Jesus, eu agradeço.
Amém.

A Sua Verdade Será o Teu Escudo e Broquel

Na época do salmista, quando o povo ia para a guerra, os guerreiros tinham dois tipos de armamento de proteção: escudo e broquel. O escudo era o maior, mais grosso e pesado, preparado para o ataque feito por lanças ou flechas de certa distância e, na batalha, feito com espadas e machados. Era usado para montar colunas, proteger contra pedras – semelhante aos escudos que hoje o batalhão de choque utiliza. O broquel, por sua vez, era menor, mais leve, porém tão resistente quanto o escudo; geralmente em formato redondo, poderia ser até carregado nas costas ou na cintura e empunhado com facilidade no antebraço. Era utilizado em combates próximos, no corpo a corpo, com a finalidade de amparar golpes com precisão. Por vezes, até prendia a arma do opositor e, dependendo do golpe, permitia aproximação para o guerreiro ágil com certa segurança de resposta na parte da defesa. O salmista comparou a verdade do Senhor ao escudo e broquel porque ela defende nossa vida contra os ataques do maligno de toda ordem e distância. Andar neste mundo sendo um cristão exige determinado código de conduta, comportamento e atitudes que em alguns casos entram em conflito com interesses alheios. Quando você obedece à Lei do Senhor, guarda os mandamentos e se torna o seguidor de Jesus Cristo, precisa saber que encontrará resistência; por vezes, perseguição e incompreensão. Em um mundo onde vemos tanta violência, amoralidade, busca do prazer e do poder a qualquer custo, falar em pureza, santidade, compaixão, misericórdia, perdão, justiça, honestidade, verdade e fé se torna quase motivo de discussão. Em situações que você se encontrar defendendo a Palavra de Deus, ou então praticando algum ato que fez porque estava seguindo o que o Senhor havia ensinado, ou ainda tomando uma decisão que foi pautada na regra de conduta que aprendeu a seguir por amor à Palavra, a sua defesa será a Verdade da Palavra de Deus. Se, por um acaso, você for selecionado para exercer algum comando, representar alguma entidade ou empresa com base no seu comportamento e discurso, saiba que o fato de ser um cristão o coloca numa vitrine diante de muitas pessoas que o julgarão com base na regra de conduta e a fé que abraçou. Costumo dizer que prefiro sofrer uma injustiça, a praticar uma porque, se sofremos uma injustiça, o Senhor é o nosso defensor, nosso escudo e broquel; porém, se praticarmos uma injustiça, Ele será o nosso juiz — Ele julga retamente e Sua mão é pesada. Portanto, não temernos entrar em uma guerra, pois se o inimigo de nossa alma vier contra nós com espada, lança e escudo (difamação, ciladas, tentações, brigas, mentiras, violência, perseguição, opressão e outras lutas mais), nós iremos para a batalha em nome do Senhor dos Exércitos, com a plena certeza de que Ele será o nosso escudo e broquel e nos defenderá de todos os golpes, de longa e curta distância, e estaremos protegidos.

Oração

Pai amado,
Senhor dos Exércitos,
em nome do Seu Filho Jesus, eu peço,
seja escudo e broquel em minha vida.
Que a Sua verdade seja a minha regra de
conduta e que eu saiba que, em qualquer
lugar e a qualquer tempo, o Senhor
me protege e me defende.
Amém.

Não Temerás
Espanto Noturno

*E*ste versículo, em algumas outras versões da Bíblia, é descrito como terror noturno. Devemos lembrar que esse salmo é um salmo de guerra, e que a guerra que travamos não é contra a carne (corpo), nem contra este mundo (pessoas), mas sim contra tronos, dominações, principados e potestades malignas, ou seja, toda uma hierarquia espiritual que se manifesta com mais intensidade quando a escuridão da noite cai. Portanto, espanto ou terror noturno são males que se abatem sobre o ser humano com mais intensidade exatamente no período da noite. Pare para pensar: quando a noite chega, chegam também a prostituição, o consumo de drogas, os crimes; a efervescência da noite promove festas com exagerado consumo de álcool, que levam a brigas violentas e a agressões por vezes fatais, ou então desastres movidos por motoristas alcoolizados. A noite parece que favorece a ocultação de "pequenos atos" que na luz do dia seriam facilmente vistos e seus praticantes identificados, como furtos, imoralidades, perversões. Esse é apenas um lado do terror noturno, pertencente ao lado violento. Existe ainda o lado opressor que provoca tristeza, angústia, depressão, medo e dor. Já reparou que existem pessoas que temem a noite? Sofrem com insônias, ataques de pânico... Quando dormem, têm pesadelos; algumas possuem o costume de manter a luz acesa e qualquer barulho ou sombra as faz suar e ter o coração disparado. Em alguns casos, as pessoas acordam no meio da noite e sentem-se paralisadas, seu corpo está tão pesado que não obedece às ordens do cérebro, seus olhos não se abrem, sua voz não sai e parece haver uma presença em seu quarto... É uma das manifestações do terror noturno. Durante a noite, nos corredores dos hospitais e em alguns quartos, alguns pacientes se agitam mais, pois nessa hora temem mais a solidão, a dor e a morte. Sem falar nas pessoas solitárias que durante a noite pensam sobre (e até cometem) suicídios. Por conhecer a fragilidade humana, o Senhor revelou ao coração do salmista que a colocou nesse salmo que não haveria de temer o terror/espanto noturno, pois tinha a Deus. Para Deus, dia e noite são iguais, não existem trevas diante de Deus; afinal, Ele é luz e os que com Ele estão não temerão as trevas. Cristo declarou que **"Eu sou a luz do mundo; quem me segue não andará em trevas, mas terá a luz da vida"** (João 8:12). Cristo é o Senhor, maior que todas as potestades, todos os tronos e principados, Ele venceu o diabo na cruz, venceu a morte, quando ressuscitou, e está assentado à direita do Pai, intercedendo por você e, por intermédio do Espírito Santo, está ao seu lado.

Oração

Pai amado,
a partir de hoje eu creio como o salmista,
não temerei espanto noturno porque
Cristo é meu Salvador e minha luz.
Não andarei em trevas, sigo ao Senhor e
ando na luz. E que possa mostrar aos que
temem o terror noturno e andam nas
trevas que Cristo é a luz.
Amém.

Nem Seta que Voa de Dia

Numa guerra, havia armas de ataques de diversas maneiras e para diferentes distâncias; uma das armas de longa distância é a seta. Atirada com arcos, bestas ou balistas, as setas voavam com velocidade e eram utilizadas para acertar os soldados que estavam em campo aberto, a pé ou a cavalo. Era difícil escapar de uma chuva de setas que vinham cobrindo os céus e voando nos ares, na direção dos que estavam indo rumo ao atacante; desviar era praticamente impossível, pois eram muitas. O ataque com setas é mais efetivo durante o dia porque é quando os alvos estão à vista. O que se conclui é que numa guerra não há descanso nem de dia nem de noite. Com o inimigo de nossas almas é a mesma coisa, você deve vigiar dia e noite, pois não sabe o que pode acontecer perto ou longe. O perigo hoje ronda as vidas durante o dia também: nas portas das escolas com traficantes; nas redes sociais e nos encontros com pedófilos que agem durante o dia buscando seus alvos na saída das escolas ou nos *shoppings*; nos sequestros relâmpagos, que podem ocorrer em qualquer lugar; no assalto na saída do banco. Existem também ataques que, como a seta, podem ser a longa distância, envolvendo um ente querido em viagem ou no trabalho, quando você está realizando uma viagem (seja de férias ou a trabalho) ou mesmo numa caminhada normal do dia a dia quando, sem querer, você pode se envolver em uma situação sobre a qual não tem controle: arrastão numa praia, tiroteio, acidente com veículo descontrolado, assalto em andamento... Ou, ainda, você pode se envolver numa situação em que precisa tomar uma atitude para salvar ou proteger alguém. Sua vida e a dos seus amados precisa ser guardada pelo Senhor.

Não saia de casa sem orar, vigie e permaneça em oração o tempo todo para estar sob a constante proteção de Deus. O salmista declara que Deus tem poder para proteger, não importando a distância e nem o volume desse ataque. Creia no poder e no amor dEle e invoque-O nas horas que sentir que necessita de Sua presença, para que caminhe em paz e segurança. E saiba que Ele honrará a sua fé.

Oração

Pai amado,
Senhor Deus, em Suas mãos entrego
a minha vida e a de minha família.
Não temerei as setas que andam de dia,
pois sei que o Senhor guardará a minha
vida e as dos meus, por amor de
Seu Filho Jesus Cristo.

Nem Peste que Ande na Escuridão

Quando da revolta no céu, Deus lançou do céu para a terra o diabo e seus anjos, este mundo no qual vivemos passou a ter, além dos males provenientes do pecado, perigos e ameaças espirituais provenientes desses seres. Porém, sabemos que o diabo não pode tocar-nos, pois **"o anjo do Senhor acampa-se ao redor dos que o temem, e os livra"** (Salmos 34:7), a não ser que deixemos uma brecha, a qual acontece quando pecamos. Na escuridão, esconde-se e transita todo tipo de situação criada para nos conduzir ao erro ou nos levar para o abismo. Se existe o Bem, não podemos ignorar a existência do Mal. Passar a vida inteira acreditando que não existe um mundo espiritual onde essas forças estão permanentemente em conflito é uma escolha que você pode fazer. Existe uma vaga compreensão sobre o que existe além do que podemos captar com os cincos sentidos, porém as pessoas acreditam somente naquilo que podem ver ou tocar. Assim como Tomé, o apóstolo, que só acreditaria que Cristo ressuscitou se visse e tocasse nas marcas deixadas pelos pregos na cruz. O Senhor quer que tenhamos fé, expressa confiança em Sua Palavra. Essa peste citada pelo salmista pode ser tanto física como de ordem espiritual, pode ser uma doença mortal, que se propaga com rapidez e eficácia durante a noite, ou um malefício de ordem psíquica ou espiritual, que provoca grandes perdas. Seja qual for a natureza, uma coisa é certa, o Senhor já providenciou a proteção e o escape: seu Filho que nos purifica, justifica-nos e nos protege de todo Mal. Somente aquele que tem o Senhor Jesus Cristo como seu Salvador pode dizer: **"Ainda que eu andasse pelo vale da sombra da morte, não temeria mal algum, porque tu estás comigo"** (Salmo 23:4).

Oração

Pai querido,
não temerei a peste que anda na escuridão
porque sei que minha vida e o meu lar
estão protegidos com o sangue de Jesus
Cristo, o cordeiro que foi morto para expiar
meus pecados. O Senhor livrou o Seu povo
e continua livrando; por essa razão, sou
agradecido, hoje e sempre.
Amém.

Nem Mortandade que Assole ao Meio-dia

Numa guerra, a morte não escolhe lados, nem raça, cor ou idade. O medo de todas as mães e mulheres que se despediam de seus amados era porque não sabiam se os veriam de novo. Muitos jovens, por vezes meninos, tombaram sem vida nas muitas batalhas que o povo de Deus teve de enfrentar para conquistar sua terra e depois para defendê-la. A mortandade que assola ao meio-dia pode ser compreendida de duas maneiras: a primeira se trata da morte repentina e precoce, ou seja, quando se fala sobre o meio-dia se fala no auge da força, do vigor, do esplendor da juventude, quando a morte ceifa a vida de uma pessoa que possuía muito ainda para viver. A segunda fala da mortandade à luz do dia, claramente exposta e tão repentina que não se prevê ou previne. Citar o meio-dia justifica-se pelo fato de o sol estar no alto do céu mostrando tudo; a morte assim é para que todos a vejam, se aterrorizem, fiquem chocados e perturbados. Naquela época, a rotina de guerras impedia a vida de seguir seu curso normal, quando pais deveriam ser enterrados por seus filhos após terem vivido em paz e com boa velhice. Pelo contrário, era grande o número de órfãos e viúvas, bem como pais que perdiam seus filhos, que seriam a segurança e o consolo em sua velhice. Nos dias de hoje, apesar de tantas tecnologias para prolongar a vida, a violência urbana, as drogas, o terrorismo e as contínuas guerras, ainda mais mortais e devastadoras, continuam a espalhar a morte em qualquer lugar e a qualquer hora; portanto, o medo da mortandade que assola ao meio-dia ainda é grande. A morte repentina e precoce também pode acontecer por doenças, acidentes e desastres. Situações que fogem ao controle, das quais ninguém está isento. Razão pela qual esse versículo se reveste de importância para todos, afinal, todos temos filhos, filhas, sobrinhos ou netos e queremos que cresçam, desenvolvam-se, vivam em segurança e gozem de uma vida plena.

Então, para que a mortandade que assola ao meio-dia não venha ao seu encontro, clame ao Senhor e erga a sua oração com a promessa desse versículo. E se por um acaso um ser amado já se foi, muito cedo e tão jovem, saiba de uma coisa: se ele morreu, mas havia comunhão com o Senhor, tinha a Jesus Cristo como seu Salvador, a morte não foi o fim, pois ele, com certeza, ressuscitará para a vida eterna.

Oração

Pai amado,
Pai da eternidade e Senhor da vida, livra-me da mortandade que assola ao meio-dia, não permita que eu morra sem cumprir com todo o propósito que o Senhor tem para minha vida; de igual maneira, proteja a todos os meus. Eu peço e agradeço em nome do Seu Filho Jesus Cristo, que vive e reina eternamente.
Amém.

Mil cairão ao Teu lado, e Dez Mil à Tua Direita, mas não Chegará a Ti

*N*este versículo, podemos ver a grandiosidade da proteção de Deus em uma batalha, seja ela no campo da vida cotidiana ou na realidade espiritual. Quando o povo de Israel se libertou da escravidão do Egito sob o comando de Moisés, marchou rumo à terra prometida. No caminho, eles tiveram diversos desafios e um deles foi um ataque de Amaleque com seus guerreiros. Moisés chamou Josué e ordenou que escolhesse homens para lutar com ele. Enquanto lutavam, Moisés estava no cume de um outeiro e, com as mãos levantadas, orava a Deus. E enquanto Moisés de braços erguidos orava, o povo de Deus ganhava, e quando ele cansava e abaixava os braços, o povo perdia. Então Arão e Hur ajudaram Moisés sustentando suas mãos para o alto, para que ele continuasse a clamar e orar a Deus até o pôr do sol, quando finalmente o povo de Israel venceu a batalha (Êxodo 17:8 a 13). Nas nossas batalhas do dia a dia, enquanto lutamos, devemos orar e ter alguém orando por nós, para que Deus esteja ao nosso lado lutando nossas batalhas. Dessa maneira, o versículo desse salmo será uma gloriosa e milagrosa realidade em nossa vida. Quando se fala de mil ao lado e dez mil à direita, o destaque fica para a total e absoluta proteção de Deus, que garante que aquele que é Seu não será atingido, nem de perto nem de longe. Nem de leve ou de raspão, completamente seguro de que o Senhor o livrou. E quando falamos de uma guerra em que se conta de mil a milhares, ficar no meio do campo e não ser atingido é realmente algo incompreensível para a lógica humana. Mas vale a pena lembrar que estamos lidando com o Deus do Impossível, o Onipotente Senhor dos Exércitos. Nossa batalha não é travada com armas de guerra, na nossa vida temos lutas diferentes: desde a luta pela sobrevivência, a luta pela nossa segurança, a estabilidade do nosso lar e da nossa alma.

O importante é seguir o exemplo do povo de Israel: enquanto estiver lutando, ore. Clame e não desista. Insista em buscar orientação, proteção, livramento e, por fim, a vitória. Lembre-se de que, se Deus estiver contigo, **mil cairão ao teu lado, e dez mil à tua direita, mas nada te atingirá.**

Oração

Pai amado,
Deus poderoso, ergo minha oração
para pedir que esteja comigo na minha
batalha. Sei que se o Senhor
estiver ao meu lado, eu vencerei.
Agradeço em nome de Jesus Cristo.
Amém.

Somente com teus Olhos Olharás e Verás a Recompensa dos Ímpios

Observando nossa sociedade hoje, contemplamos uma série de eventos que assustam: escândalos nas esferas do poder com corrupção e impunidade; crime organizado, com poder bélico de armas de guerra, e poder econômico de fazer inveja a qualquer cidadão comum. São tantos motivos para desanimar de ser honesto e compassivo que as pessoas chegam a ser contaminadas com desesperança, revolta e indignação. Enquanto aparentemente a situação parece não ter uma solução e se arrastar eternamente, a Bíblia nos mostra que houve um cenário ainda pior para o seu povo: a escravidão. Hoje somos cidadãos livres, com dificuldades econômicas — é claro —, no entanto, temos direitos civis assegurados: oportunidade de ir e vir, propriedade, bens, educação, emprego ou trabalho remunerado, saúde e amparo na velhice. Pense numa época em que uma pessoa já nascia pertencendo a outra como se fosse um animal ou mercadoria. Essa sim é uma dura realidade que o povo de Deus viveu. Um dia, Deus se compadeceu do seu povo e o libertou. Conhecemos a história: Deus enviou para o Egito as dez pragas que castigou todo o país até o faraó deixar o povo partir. Porém, o faraó se arrependeu e, com seus soldados armados, perseguiu os israelitas até o Mar Vermelho para se vingar: mataria todos. Ao chegar junto à margem, viu os israelitas bem no meio do mar, com as águas erguidas como paredes enquanto eles passavam. Sem demora, o faraó ordenou que seus soldados entrassem para alcançá-los. Quando o último israelita chegou à margem do outro lado, o Senhor ordenou a Moisés que erguesse o cajado e, quando ele o fez, as águas do Mar Vermelho se fecharam e todo o exército do faraó, com carruagens e cavalos, morreu afogado diante dos olhos do povo de Deus. Esse versículo revela ainda que, assim como o fim dos ímpios que escravizaram o povo

de Deus, da mesma forma também será o fim do povo que representa o retrato da iniquidade hoje. A Bíblia relata dois grandes juízos: um foi no Antigo Testamento, com o Dilúvio, e outro será na vinda de Jesus para julgar esse mundo. E o final para todos que fizeram o que era mau está relatado em Apocalipse 21:8: "**... a sua parte será no lago que arde com fogo e enxofre; o que é a segunda morte**". Portanto, nós que cremos em Deus não devemos alimentar ódio ou revolta em nosso coração, pois está escrito que Jesus, o Cristo, voltará para fazer justiça.

Oração

Pai querido,
Senhor da justiça nossa, limpe
meu coração de toda mágoa e revolta,
tire de minha alma toda a desesperança e ira.
Não permita que eu me esqueça de que o
Senhor, que me perdoa e justifica,
também julgará o ímpio.
Que eu possa ver a Sua salvação em
minha vida e a recompensa dos ímpios.
Em nome de Jesus.
Amém.

Porque Tu, ó Senhor, é o meu Refúgio, o Altíssimo é a Tua Habitação

*P*oder refugiar-se no Senhor é privilégio, pois não há lugar mais escondido, seguro, impenetrável e inabalável. Refugiar-se em Deus é certeza de bem-estar e garantia de repouso e refrigério. Refúgio é um lugar que abriga os desamparados, os perseguidos, os perdidos e desorientados diante das batalhas e adversidades e o Senhor prometeu ao salmista e a todo aquele que nEle crê e obedece que seria esse refúgio em qualquer situação e em todo tempo. É muito importante ter por parte de Deus esse recurso, pois, em algumas horas do dia ou em certo momento da vida, descansar no Senhor e se esconder nEle pode ser a diferença entre cair ou permanecer de pé. Vale a pena saber o quanto significa ter o Altíssimo como habitação. Altíssimo porque habita acima das mais altas nuvens. Altíssimo porque sua estrutura é eterna e celestial. Altíssimo porque em seu lugar de morada não chega poder algum de destruição ou perigo, nada que desestruture o firme fundamento de sua habitação, afinal, estamos falando do Altíssimo, Onipotente, Onipresente, Onisciente, Eterno e Poderoso. O Altíssimo é de eternidade em eternidade e não há sombra de variação, permanentemente há vida e vida com abundância. Morada de paz e alegria. As pessoas que não experimentaram uma comunhão pessoal e íntima com Deus por meio da oração não fazem ideia do que seja o êxtase que é sentir a presença do Altíssimo e fazer nEle sua morada. Como o orvalho da manhã, que desce suave e lentamente sobre a relva, assim é a paz que envolve o coração e a alma de quem procura, por um momento, se colocar na presença de Deus. Quando se propuser a preparar, sem pressa, sem segundas intenções, sem interrupções ou preocupações, esse encontro, saberá que, por mais que queira explicar, não encontrará palavras para descrever essa experiência. E creio que, a partir desse dia, será o Altíssimo a sua habitação e nEle seu refúgio secreto, no qual você poderá descansar sua alma cansada, curar seu coração ferido, receber orientações, consolações e promessas que encherão você de esperança e vida.

Oração

Pai querido,
Deus Altíssimo, quero me refugiar
e morar em Sua presença. Creio que não
serei mais a mesma pessoa, serei muito
melhor! Mais feliz, terei paz, saberei resistir
nos dias maus, pois receberei forças.
Sentirei em meu ser o Amor de Sua presença
e a Vida de Jesus Cristo fruirá em mim.
Obrigado, Senhor.
Amém.

Nenhum Mal Te Sucederá, Nem Praga Alguma Chegará à Tua Tenda

O salmista fala neste versículo de duas proteções: a pessoal e a de seu lar. Vamos retornar ao Egito por ocasião das dez pragas, onde esse versículo foi aplicado de maneira maravilhosa com o povo de Israel. Imagine a praga das moscas: você acredita ser possível controlar e delimitar o território de atuação de um enxame tão imenso que arruinou a terra, entrando em todas as casas dos egípcios? Do palácio do faraó às residências dos oficiais, até o lugar mais distante e mais humilde. Porém, na terra de Gosen, lugar em que ficavam os israelitas, não chegou uma mosca sequer (Êxodo 8:22). E a praga da peste nos animais? Havia no Egito um vasto e diversificado rebanho no campo; havia também os cavalos, os jumentos e as ovelhas. E era necessário distinguir o rebanho dos egípcios e o do povo de Israel. Como uma peste atingiria um e pouparia o outro? Todavia, o Senhor fez a distinção e do rebanho dos israelitas não morreu nenhum (Êxodo 9:4). Estamos falando de posses, propriedade, mas também houve uma distinção ainda mais significativa: a morte dos primogênitos. Nessa ocasião, Deus ordenou a Moisés que instruísse o povo acerca de uma celebração que Ele estava instituindo; a Páscoa (ou Pessach) que quer dizer passagem, a Festa da Libertação, pois aquele seria o momento que eles passariam de escravos para homens livres, passariam pelos portões do Egito para a liberdade. Nessa cerimônia, seria escolhido um cordeiro de um ano, sem mancha ou defeito, que seria imolado, assado e consumido por toda a família e o sangue seria espalhado pelos umbrais das portas. Nessa noite, o Senhor enviou a décima praga, o Anjo da Morte que matou todos os primogênitos dos egípcios, do filho do faraó ao filho do mais humilde, inclusive o primogênito dos animais também (Êxodo 12:29). Porém, ao passar pelas portas das casas dos israelitas e ver o sangue do cordeiro, o Anjo da Morte seguia em frente e naquele lugar não entrava. Hoje sabemos que aquele cordeiro simbolizava Jesus Cristo, o cordeiro de Deus que foi morto para nos livrar do pecado e da morte. Por esse motivo, nos dias atuais, nossa vida e nossa casa está guardada e protegida com o sangue do Cordeiro de Deus, Jesus, o Cristo. E nada nem ninguém tem maior autoridade e poder do que Jesus Cristo. Portanto, mesmo que estejamos vivendo tempos difíceis, nenhuma peste, fome, doença ou praga pode prevalecer diante da promessa de Deus e do Sangue de Jesus. Para todo o que crê em Jesus e é amado por Ele e o Pai, não existirá nenhum mal que o Senhor não transforme em bem, as perdas nada significarão, doenças serão testemunhos de fé e paciência, e até a morte de um justo será ganho, porque sua verdadeira vida já está em Cristo.

Oração

Pai querido,
pelo poder e autoridade do sangue
de Jesus Cristo eu creio que em minha vida e
no meu lar nenhum mal terá poder.
Não temerei, nem recearei. E seja qual for o
mal, o Senhor tem poder para transformar
em bem para Sua Glória.
Amém.

Te Guardarem em Todos os Teus Caminhos

Anjos são seres celestiais criados por Deus, poderosos, fiéis, magníficos, um pouco maior do que os homens, obedientes e diligentes. Não devem ser adorados e nem devem ser cultuados porque são criaturas como nós e não deuses. Inclusive um deles impediu que João o adorasse e explicou: "Olha, não faças tal; sou teu conservo e de teus irmãos que têm o testemunho de Jesus; adora a Deus;" Apocalipse 19:10. Deus ordenou aos seus anjos que guardassem, ou seja, protegessem seu povo. Preciso esclarecer que não se trata de "um anjo da guarda" para cada pessoa, independentemente se acredita ou não. Esse exército celestial de anjos está a serviço daqueles que "herdarão a salvação" segundo Hebreus 1:14. Como disse anteriormente, esse salmo é de guerra e a guerra que está sendo travada é espiritual e nos lugares celestiais. Ou seja, as maiores lutas estão sendo travadas nos lugares considerados importantes para Deus: sua vida e sua família estão no topo da lista. No caso de sua vida, tudo que acontece ao seu redor, como ambiente de trabalho, trajeto de sua casa para o trabalho e vice-versa, lugares que frequenta, viagens que realiza... No seu lar estão seu cônjuge, filhos, pais, irmãos, demais familiares e vizinhos. Caso você se atenha a reparar em pequenos fatos ocorridos no seu dia a dia, vai se certificar de que houve livramentos, situações inesperadas que ocasionaram acontecimentos curiosos e, por vezes, marcantes. Eles estão lá (os anjos) guardando, protegendo, lutando a seu favor, interferindo até quando são permitidos por Deus, para cumprir a missão até o fim. Quero destacar uma passagem importante da Bíblia envolvendo justamente esse versículo. O diabo, que também conhece a Bíblia (conhece e distorce a Palavra para induzir as pessoas ao erro), quando apareceu para tentar Jesus Cristo no deserto, levou-o ao pináculo do templo e citou justamente esse versículo, porém omitiu propositalmente um detalhe. Vamos recordar essa passagem:

"Então o diabo o levou à Cidade Santa, colocou-o sobre o pináculo do templo. E lhe disse: Se és Filho de Deus, atira-te abaixo porque está escrito: Aos seus anjos ordenará a teu respeito que te guardem e eles te susterão nas suas mãos para não tropeçares nalguma pedra" (Lucas 4:5 e 6). **"Respondeu-lhe Jesus: Também está escrito: Não tentarás o Senhor teu Deus"** (Lucas 4:7). A resposta de Jesus foi perfeita por dois bons motivos. Primeiro, porque realmente seria tentar a Deus fazer o que o diabo queria, seria motivado por vaidade; e o segundo motivo está na parte que o diabo omitiu do versículo **"em todos os teus caminhos"**. O pináculo do templo com certeza não era o lugar onde Jesus deveria estar ou caminhar. Então, como pedir a ajuda de Deus se ele estava em desobediência? Você quer que os anjos guardem você? Ande nos caminhos que o Senhor ordenou andar! Ir a lugares perigosos, suspeitos ou não recomendáveis porque acha que Deus o guardará é "tentar a Deus". Um princípio do qual Deus não abre mão é a obediência, e seu filho Jesus sabia muito bem disso. Tanto que foi obediente até a morte na cruz. E por esse motivo Deus o exaltou, com um nome acima de todo o nome e com tal poder que chegará o dia em que todos se curvarão diante dEle. Portanto, você sabe que agora não está sozinho em sua batalha diária, os anjos estão ao seu redor para protegê-lo "em todos os seus caminhos". A pergunta é: você sabe qual é o seu caminho? Siga Jesus, Ele é o caminho.

Oração

Pai querido,
obrigado por enviar seus anjos para me guardarem.
Sei que a condição é que devo andar nos caminhos que
o Senhor tem para mim. Quero ser obediente
como seu filho Jesus Cristo. Amém.

Eles Te Sustentarão nas Suas Mãos, para que não Tropeces com Teu Pé em Pedra

*O*s caminhos da época do salmista eram pedregosos e era necessário andar com muito cuidado, principalmente nos desfiladeiros onde pequenas pedras soltas podiam fazer o viajante desatento ou descuidado tropeçar e cair, dependendo da ocasião, podia ter um final trágico. Pode parecer ilógico que, sendo os anjos seres poderosos que podem realizar grandes feitos, como viajarem pelos céus, atravessarem os mares ou até derrotarem exércitos, sejam convocados para nos sustentarem pelas mãos para que não venhamos a tropeçar. Mas não se deixe enganar, o fato de Deus ter dado ordens para que eles nos guardem de sofrer pequenos tropeços não desmerece a capacidade dos anjos, demonstra a nossa fraqueza e o cuidado do Senhor. Ele determinou que os anjos nos amparassem para evitar que tropecemos numa pedra e é de suma importância entender a razão. Não enxergamos todos os perigos existentes, mas os anjos estão atentos.

Pequenos acidentes, às vezes, causam grandes desastres, quando damos pouca importância a eles. Por exemplo, quando uma criança está aprendendo a andar e pisa em um prego ou caco de vidro, isso pode acarretar uma infecção, trazendo, assim, complicações, e, em certos casos, ser até fatal. Para impedir tal situação, você vai vigiar o caminho dessa criança para evitar trajetos perigosos, mas, caso ela venha a vacilar ou tropeçar, você irá ampará-la. Se compararmos o tropeço numa pedra, com a queda de um cristão diante de um pequeno pecado, então entenderemos por que Deus comissionou seus anjos a nosso respeito. Somos falhos, podemos cometer pecado por desatenção, descuido, displicência, imprudência, teimosia ou até excesso de confiança. Deus é Amor, mas também é Justiça. Santo como Ele é, abomina o pecado, qualquer que seja o tamanho. Mas como Ele conhece a nossa estrutura, sabe

que somos pó e a nossa natureza oscilante e pecaminosa, julgou ser necessário enviar os anjos para sustentar ou amparar os Seus escolhidos na caminhada. Para sermos fiel a Deus em nosso viver diário não podemos esquecer das pequenas coisas, as situações rotineiras. Somos cristãos 24 horas por dia, sete dias da semana e não só na igreja, mas em toda parte. Estamos acostumados a não levar em conta pecados pequenos e aí está o erro. Pecados assim têm poder de contaminar nosso coração de tal maneira que nos afasta de Deus a ponto de nos perdermos de vez. Precisamos servir a Deus nas pequenas coisas com a mesma atenção e dedicação que damos àquelas que julgamos maiores. Vigiar para andar com prudência para não tropeçar nas pedras, mas sabendo que temos por parte de Deus quem nos ampara se viermos a vacilar.

Oração

Pai querido,
obrigado por enviar seus anjos para me amparar e sustentar para que eu não venha a tropeçar e cair. Não desprezarei pequenos pecados, vou vigiar e procurar me manter forte nos Seus caminhos e obedecer à Sua Palavra, para viver para Sua Glória.
Em nome de Jesus, amém.

Pisarás o Leão e a Áspide, Calcarás aos Pés o Filho do Leão e a Serpente

Temos aqui predadores distintos e perigosos. O leão é feroz, forte e violento, ronda, encurrala e ataca sua presa com garras e dentes, dominando e abatendo, mesmo que a presa esteja em movimento, não consegue se livrar. A áspide, que é uma víbora venenosa, inimigo sutil e traiçoeiro, consegue se ocultar e seu ataque é rápido e certeiro, seu veneno é mortal. Essas são as representações que a Bíblia utiliza para os ataques do diabo contra o povo de Deus. A serpente no período bíblico era conhecida como sendo a criatura que o inimigo de nossas almas usou para enganar Eva. Podemos entender que na época a serpente era um animal sagaz, ou seja, muito esperta e convenceu Eva a comer do fruto que Deus ordenara não comer. Em Gênesis 3:14 vemos Deus amaldiçoando a serpente e a condenando a rastejar e no versículo 15 Deus determina a inimizade da serpente com a mulher, pois a descendência da mulher iria ferir a cabeça da serpente e esta iria ferir o calcanhar da descendência da mulher. Cristo é o filho de Deus nascido de uma mulher. O Filho do Homem nasceu de uma virgem e veio ao mundo para ferir a cabeça da serpente, ou seja, Satanás. Jesus também deu autoridade aos seus discípulos para fazer o mesmo, como está em Lucas 10:17.

Quanto à figura do leão, em I Pedro 5:8 está escrito que precisamos vigiar porque o diabo anda ao nosso redor como um leão procurando ocasião para nos devorar. Esse versículo do salmo 91 aponta então para o poder e autoridade concedidos por Deus ao seu povo. Porque pisar um leão ou a áspide, calcar (pisar com força, comprimir até esmagar) o filhote do leão e a serpente não é para qualquer um, pois não estamos falando de um pisar por acidente, estamos falando de dominar, ou seja, vencer o diabo com suas tentações e armadilhas, ferocidade e malícia, é tarefa somente para os que creem no Senhor Jesus Cristo e fazem uso do Seu nome com a fé e autoridade dadas por Ele. De Cristo recebemos coragem para não sucumbir ao medo diante das investidas do diabo, prudência para andar neste mundo e não agir por impulso ou descuido, autodomínio para resistir às tentações, humildade para não ceder diante do orgulho ou da vaidade do nosso ego e a obediência à Palavra de Deus que nos mantêm perseverantes até o fim, além de autoridade e poder para vencer o diabo em Seu nome para a Glória de Deus.

Oração

Pai querido,
Deus Todo-Poderoso, agradeço por Jesus ser o meu Salvador e por intermédio do nome Dele eu receber poder e autoridade para enfrentar e vencer as tentações e os ataques do diabo. Não temerei o furor e a violência que ele quer demonstrar, nem me deixarei enganar pelas vaidades e vigiarei para não sofrer com as traiçoeiras armadilhas. Vou vencer em nome de Jesus para a sua Glória, meu Deus.
Amém.

Pois que tão Encarecidamente me Amou, também Eu o Livrarei

A partir deste versículo, o salmo se transforma: torna-se uma maravilhosa declaração de amor. Vemos aqui o Criador dos céus, da terra e do Universo, o Senhor dos Senhores, o Altíssimo, Onipotente, Onisciente, Onipresente e Eterno Deus falando a respeito do que faz para o ser humano que Ele criou quando esse ser humano O ama. O termo **tão encarecidamente** sugere duas interpretações muito interessantes e apropriadas para descrever essa forma de amar que chama a atenção de Deus. Em primeiro lugar, **tão** é um advérbio de intensidade e **encarecidamente**, refere-se a empenho, insistência, muito interesse e vontade. Destaco os exemplos dos dois personagens bíblicos indicados como autores desse salmo: **Moisés** - amou a Deus e obedeceu-Lhe em tudo; o amor de Moisés por Deus era tão intenso e íntimo que seu semblante brilhava quando ele descia do Monte após ter conversado com Deus por causa da proximidade. Seu interesse por conhecer a Deus face a face foi tanto que ele fez o pedido mais ousado da Bíblia: queria ver Deus em toda a sua glória, mesmo que isso o matasse (Êxodo 33:18 a 23). Vale a pena ler essa passagem, é linda! **Davi** - Não existiu um rei que amou tanto a Deus a tal ponto de o Senhor (que sonda os corações, portanto ninguém pode fingir para Deus) declarar que Davi era um homem segundo o Seu coração. Davi compunha e cantava salmos para Deus, acreditava nas promessas dEle desde o momento que Samuel o ungiu e, em Seu nome, combateu e venceu Golias porque viu que o gigante blasfemava contra Deus; quando pecou, suplicou que Deus o castigasse, mas não se afastasse dele.

Encarecidamente também é uma atitude de humildade, um reconhecimento de necessidade desse amor para uma felicidade completa na parábola do filho pródigo. Quando o filho mais novo retorna para a casa do pai, depois de ter

se iludido, sofrido e descoberto que sempre havia sido feliz na casa dele e não sabia, o seu pedido para o pai não foi o de ser recebido de volta como filho, mas sim como um dos empregados, pois não se achava mais digno do amor do pai, mas pelo menos estaria na casa e na companhia desse pai. Pense agora se esses exemplos não fariam o coração de Deus e Pai se encher de alegria? Quando o Senhor olha para você e para mim e vê esse mesmo amor, não poupa esforços para retribuir, portanto, vemos que começa com a promessa de liberdade: da escravidão do pecado, dos vícios, nos perigos, das tentações, dos inimigos, da morte eterna.

Oração

Pai querido,
quero aprender a amá-Lo com a
mesma intensidade que Moisés e Davi.
Aprender como o filho pródigo
que na casa do Pai é o meu lugar.
Quero amar tão encarecidamente a ponto
de reconhecer Sua Graça, Seu
cuidado e o Seu amor.
E meu amor merecer as promessas
que o Senhor tem para mim.
Em nome de Jesus.
Amém.

PÔ-LO-EI NUM ALTO RETIRO, PORQUE CONHECEU O MEU NOME

*P*ense num lugar seguro, acima das nuvens, das mais altas montanhas, lugar esse que nenhum mal possa alcançar. Um lugar onde você estará em paz, longe de perturbações e preocupações, onde haverá paz e tranquilidade. Lugar esse que ninguém poderá acessar a não ser que tenha a permissão do dono e você seja o único a ter essa permissão. E, enquanto estiver nesse lugar, nada nem ninguém terá poder de impedir que você usufrua de todas as maravilhosas bênçãos desse lugar. No alto retiro que Deus promete colocar, você poderá desfrutar de uma comunhão com Deus sem interferência, distante do caos e da incredulidade alheia; poderá derramar sua alma perante Ele e pedir que esclareça suas dúvidas, explique seus medos, console seu coração, cure suas feridas e seus traumas ocultos. Conversar com Ele sem pressa e com a liberdade que um filho deveria ter com seu pai. Estar num alto retiro simboliza que você se encontra em uma posição em que não precisará temer ataque algum, pois o ataque não chegará até você; você não será vítima de nenhum perigo eminente porque esse é um lugar muito bem guardado e, acima de tudo, inacessível. É como poder olhar de cima e ver lá embaixo tudo o que poderia preocupar você a uma distância tão grande que não exerce mais efeito algum em sua vida. Uma situação assim tão especial se deve ao fato de que esse alto retiro é local especial e acessível somente aos que conhecem e são íntimos do dono. Conhecer a Deus de nome não é o mesmo que conhecer o nome de Deus. Pode parecer estranho e até sem sentido, mas vou esclarecer: Deus não se trata de um ídolo como os deuses antigos eram, e o Seu nome não é qualquer nome para ser dito a qualquer hora e por qualquer um. Deus tem vários nomes: El Shaday (Todo-Poderoso), Elohim (Forte), El-Olam (Deus Eterno), Javé (Eu Sou Autoexistente), Adonai (Senhor

Soberano), El Elyon (Deus Altíssimo), Jeová-Jireh (O Senhor Proverá), Jeová Nissi (O Senhor é minha Bandeira), Jeová Shalom (O Senhor é Paz), Jeová-Tsidkenu (O Senhor é nossa Justiça), Jeová Shamá (O Senhor está Ali - Presença), Jeová Tsavaot (Senhor dos Exércitos, Salvador e Protetor), Theos (Deus, em grego), Kyrios (Senhor, em grego), Abba (Pai, em grego). Cada nome tem uma revelação acerca do próprio Deus, pois Ele tem prazer em se revelar para o seu povo. Tanto que existe um mandamento o qual diz que não devemos tomar o Seu Nome em vão. Quem teme e respeita a Deus sabe o poder que tem o Seu Nome e não brinca. E não basta respeitar, conhecer o Seu Nome revela muito mais. Descobrir o que significa cada nome de Deus, o poder que isso carrega, o caráter de Deus e o valor que tem chamá-Lo pelo nome e estar diante de Sua presença. Por essas razões, você só desfrutará da experiência de estar num alto retiro com Deus se entender com quem está lidando e se der a oportunidade de conhecer ainda mais de perto o Deus que aprendeu a conhecer pelo nome.

Oração

Pai querido,
quero ser colocado no alto retiro e,
nesse lugar, estar em Sua presença.
Conviver com o Deus a quem aprendi
a amar e a conhecer pelo nome.
Livrar-me das dores, dos pesares,
dos medos e das dúvidas. Receber
a Sua paz e o Seu amor.
Amém.

Ele Me Invocará, e Eu Lhe Responderei

Uma promessa de Deus que alegra o coração é a de responder à oração. Você já experimentou falar com alguém e não receber resposta? Dá uma sensação de que você está sendo ignorado e desprezado. Faz o coração se encher de tristeza e dá uma revolta ao pensar que não é respeitado a ponto de merecer atenção. Com Deus é diferente, Ele se importa com você e cada vez que é invocado, quando você clama por Ele, não fica falando sozinho, a oração é respondida. O problema nos dias de hoje é saber ouvir, entender e aceitar a resposta da oração. Quando você ora a Deus, deve estar ciente de que o Senhor é soberano e, por amor a você, fará o que for melhor para sua vida (e nem sempre será o que você deseja, mas sim o que precisa). Na oração Pai-Nosso, lembre-se da parte que você ora **"seja feita a Sua vontade, assim na terra como no céu"**: você está determinando que a vontade a ser feita é a de Deus e não a sua. E mais, "na terra como no céu" significa que a vontade de Deus é feita de forma plena e absoluta e nunca é discutida, afinal, o Criador sabe o que faz a respeito de sua criação e de suas criaturas — e estamos inclusos nessa. O melhor de tudo isso é saber que Deus responde; não importa o local, as condições e nem o tempo da oração, uma coisa é certa: se ela foi feita por um cristão para o seu Pai Celestial, a resposta virá. É maravilhoso poder crer que, em tempos de angústia, suas orações alcançam os céus e o Senhor derrama paz; nos dias de dor, Deus concede consolação e alívio; nos momentos de medo ao orar, Deus envia dos céus coragem e fé e, quando pedimos auxílio, Ele envia socorro.

A fé de que a sua oração chega aos ouvidos de Deus por intermédio do seu filho Jesus Cristo alcança não apenas a resposta, mas também confirma que permanece firme e vivo o caminho para o trono de Deus e o coração do Pai. Lembrar de que não é preciso ver, ouvir ou sentir a resposta de imediato, é preciso apenas crer e a recompensa será a confirmação de sua oração se realizando.

Oração

Pai querido,
a minha alegria é saber que o Senhor
me ouve e responde quando chamo e clamo
por Sua presença. Seja em qualquer lugar,
hora ou circunstância, sei que o Senhor
atenderá minha oração, nem sempre como
quero, mas do jeito como o Senhor sabe que
preciso. Creio que sempre será para o meu
bem e agradeço em nome de Jesus.
Amém.

Estarei com Ele na Angústia

Estamos vivendo tempos difíceis: luta pela sobrevivência, perdas, fracassos pessoais e situações para as quais não há controle ou aparente solução. Isso tudo leva as pessoas a viverem em permanente estado de preocupação e angústia. Angústia, um mal-estar psicológico que faz com que o coração se entristeça, um temor perante o futuro ou ainda um trauma que nos causa profundo desgosto. Também conhecida como ansiedade, produz pensamentos negativos que, por vezes, leva a um esgotamento emocional. Em um estágio mais intenso, pode gerar doenças psicossomáticas como fobias e síndrome do pânico, podendo chegar até a uma depressão. Um mal que afeta os relacionamentos, a vida profissional, a família, o corpo e a alma da pessoa. Muitos vão dizer que é um fenômeno dos dias atuais, mas vemos pela Bíblia que esse mal é muito antigo. A própria condição de fragilidade humana, sujeita à dor, a doenças e à temível morte, produz no homem uma insegurança quanto ao seu futuro. Deus, em Seu infinito Amor, compreende e se compadece quando o salmista clama por socorro em momentos de angústia e vai ao seu encontro. Quando Deus promete estar com o salmista na angústia, revela um cuidado todo especial: fazer o homem sentir que não está sozinho, crer que o Deus que está ao seu lado tem poder para tratar sua angústia e curá-la. E ainda mais. Permanecendo o salmista em comunhão com o Senhor, ele receberá: a) serenidade, para aquietar o cérebro, combater os pensamentos negativos e depressivos e para proporcionar pensamentos que promovam a paz e o bem-estar; b) autodomínio, para resistir aos impulsos e às ações autodestrutivas e manter o equilíbrio das suas emoções; c) sabedoria, para saber lidar com desafios e imprevistos, perdas e fracassos sem se deixar abalar; d) amor, para construir uma autoimagem fortalecida e combater complexos que foram adquiridos em ambientes familiares repressivos ou desajustados e, ainda, para perdoar-se por erros cometidos e que assombram ainda hoje. Não existe maior e nem melhor maneira de vencer a angústia do que estar na presença do Senhor e poder ouvir de Jesus Cristo: **"Tenho-vos dito isto, para que em mim tenhais paz; no mundo tereis aflições; mas tende bom ânimo; eu venci o mundo"** (João 16:33).

Oração

Pai querido,
obrigado por ver minha angústia e
vir ao meu encontro para estar comigo.
Quero ser tratado, receber Seu Amor e
vencer, em nome de Jesus Cristo.
Amém.

LIVRÁ-LO-EI

Para termos ideia do que a liberdade significa, precisamos entender o que a escravidão pode fazer ao ser humano. Um escravo é alguém dominado e se torna propriedade de quem o dominou. Nos planos de Deus, não havia escravidão quando Ele criou o homem, pois o dotou de livre-arbítrio e autonomia. Quando criou a mulher como companheira idônea para Adão, a fez com os mesmos atributos. Depois ordenou: **"Frutificai e multiplicai--vos, e enchei a terra, e sujeitai-a; e dominai sobre os peixes do mar e sobre as aves dos céus, e sobre todo o animal que se move sobre a terra"** (Gênesis 1:28). Repare que Ele não ordena que sujeitem ou dominem uns aos outros. O homem era bom, puro e inocente como uma criança. Porém, quando o pecado entrou em sua vida, sua natureza se corrompeu e ele se voltou contra Deus e contra seu semelhante. Já no início, vemos o primeiro homicídio: os filhos de Adão, que já tinham sido gerados pela natureza corrompida pelo pecado, Caim e Abel. Caim matou Abel, seu irmão, porque Deus se agradou mais da oferta de Abel. Veja que de que lá para cá tem-se repetido a cena: o pecado dominando o coração do homem para se levantar contra Deus e contra seu semelhante. Moisés é conhecido como o libertador de Israel, porque enfrentou o faraó em nome do Senhor e foi portador das Palavras de Deus, o condutor de Israel pelo deserto e o interlocutor entre Deus e o seu povo durante toda a jornada. E na lei que Deus deu ao homem, por intermédio de Moisés, procurou orientar uma geração, que havia nascido na escravidão, a viver em liberdade respeitando a Deus e ao próximo. Mas o pecado ainda habitava o coração do homem e a escravidão assumiu várias formas. O homem ainda é escravo das obras da carne, como disse Paulo **"adultério, prostituição, impureza, lascívia, idolatria, feitiçaria, inimizades, porfias, emulações, iras, pelejas, dissensões, heresias, invejas, homicídios, bebedices, glutonarias, e coisas semelhantes a estas, acerca das quais vos declaro, como já antes vos disse, que os**

que cometem tais coisas não herdarão o reino de Deus" (Gálatas 5:19 a 21). O homem ainda é escravo de vícios, como o jogo e as drogas. Além de fazer mal a si mesmo, podendo levá-lo à ruína e, por vezes, à morte, o vício prejudica sua família e ainda alimenta um mal que causa danos em escala ainda maior. O homem ainda se deixa escravizar financeiramente (na antiguidade, um homem, quando não conseguia pagar sua dívida, se tornava escravo do seu credor até quitar o que devia) – quantos trabalham para pagar dívidas imensas, enormes e intermináveis para bancos, dívidas geradas por empréstimos e cartões de crédito e, quando terminam de pagar, contraem novas dívidas? Quantas nações ainda hoje escravizam outras por meio do tráfico humano visando à prostituição e ao trabalho escravo? Até o nosso país possui ainda regiões onde situações assim são encontradas. A liberdade do homem precisa ser completa. Quando Deus fala em libertar, no salmo, livrou seu povo do jugo de outro, mas Ele também livra o homem do jugo do pecado que escraviza o próprio homem e o leva a escravizar outros. Jesus veio para libertar o homem do jugo do pecado, restaurar a sua natureza e proclamar a esse homem livre que liberte outros por meio da Palavra de Deus. **"Conhecereis a verdade e a verdade vos libertará"** (João 8:32).

Oração

Pai querido,
eu quero ser livre, libertar-me dos pecados escondidos, dos vícios e da escravidão financeira. Recebo Jesus como Salvador e Libertador e seguirei Sua palavra para viver livre e libertar outros em Seu Nome.
Amém.

E o
Glorificarei

O homem foi criado para ser a coroa da criação de Deus, ou seja, Deus criou o homem para a Sua glória, como está em Isaías 43:7: **"a todos os que são chamados pelo meu nome e os que criei para minha glória, os formei, e também os fiz"**. No homem, feito à Sua imagem e semelhança, Deus pode ver a ação redentora da sua graça por meio do amor, de atos de heroísmo, na arte como expressão de beleza e sensibilidade, nas realizações, nas descobertas e nas invenções científicas como manifestação de poder criativo. É como contemplar um filho que, em pequenas proporções, reproduz feitos do Pai. Tudo o que podemos ser e todas as coisas que somos capazes de fazer é nEle que encontramos a fonte: inspiração, sabedoria, intuição, criatividade, capacidade de execução e de superação. Quando pecou, o homem teve sua natureza contaminada e o que parecia ser a criação perfeita se transformou em uma obra-prima deformada. Mas Deus não desistiu de resgatar e restaurar Sua criação. Procurou manter contato, mesmo que no princípio a distância, pois Sua Santidade e Pureza não podem conviver com o pecado. Depois, não satisfeito, quis uma maior aproximação e, para resolver de uma vez por toda essa separação, tomou forma humana e veio habitar em nosso meio: Jesus Cristo. E como queria ainda mais, com o sacrifício de Jesus na cruz, pagando o preço pelos pecados e construindo o caminho que levaria o homem de volta a Deus, o Espírito Santo poderia vir e habitar no homem, restaurando o vínculo espiritual outrora quebrado. Para nós, ser glorificado por Deus aqui na terra pode significar muitas coisas: no caso de Moisés, se transformar em profeta, libertar um povo, realizar milagres, poder ver a Glória de Deus. No caso de Davi, ainda adolescente, talento para a música tanto para compor como para tocar (a maioria dos salmos são de Davi), vencer um gigante sem armas de guerra e tornar-se um herói nacional, depois um rei de cuja linhagem sairia o Salvador do mundo.

Para Salomão, tornar-se o homem mais sábio (escreveu Provérbios, Eclesiastes, Cantares, entre outros mais), o rei mais poderoso e rico. Tudo isso foi prometido e dado por Deus aos que O amaram e O obedeceram. Porém, fama, fortuna, honrarias que se alcançam pelas virtudes, talentos, genialidade, características especiais ou ainda boas ações são louváveis; no entanto, a maior forma de Deus glorificar o homem vai além das honrarias materiais, pois elas são efêmeras e terão fim um dia. Ele transformará nossa natureza decaída na antiga, incorruptível e santa natureza do início dos tempos. Quando Cristo se torna nosso Senhor e Salvador, recebemos a Sua Natureza em nós. Passamos a viver uma nova vida, porém ainda mortal e pecadora. Mas, quando Ele voltar para nos buscar, então, sim, a glória será permanente e eterna.

Oração

Pai querido,
quero ser como o salmista,
viver para Sua Glória.
Eu quero ter a minha vida transformada
por Jesus Cristo, para honrar Seu nome,
fazer a Sua vontade, vencer pela Sua Graça,
realizar o que o Senhor determinou para
mim e, assim, quando Jesus voltar,
receber a justa recompensa.
Amém.

Dar-lhe-ei Abundância de Dias

Quando Deus criou Adão e Eva, era para que eles vivessem eternamente. Eles comiam frutos e ervas que foram dados como mantimento e o fruto da Árvore da Vida os mantinha jovens, como foram criados. Porém, ao pecar, vieram as consequências: doenças, velhice e, finalmente, a morte. Foram expulsos do Jardim do Éden e não tiveram mais acesso ao fruto da Árvore da Vida. Adão comeu da Árvore da Vida por muito tempo, ele viveu 930 anos e suas gerações também viveram muito. No entanto, a cada geração, diminuía a quantidade de anos vividos. Moisés, no salmo 90:10, diz **"Os dias da nossa vida chegam a setenta anos, e se alguns, pela sua robustez, chegam a oitenta anos, o orgulho deles é canseira e enfado, pois cedo se corta e vamos voando"**. Percebemos que na época de Moisés já havia uma vida mais curta e profundamente afetada pela fragilidade que tomou conta do homem. Não somos imortais, não somos invencíveis e indestrutíveis, porém procuramos, arduamente, vencer o tempo para viver mais e, se possível, mantermo-nos eternamente jovens. Deus, em Sua infinita bondade, abençoa seus filhos com promessas de longevidade e vigor. Promete renovar as forças: **"Mas os que esperam no Senhor renovarão as forças, subirão com asas como águias, correrão e não se cansarão; caminharão, e não se fatigarão"** (Isaías 40:31). Na velhice, promete ainda sermos fortes e produtivos: **"O justo florescerá como a palmeira, crescerá como o cedro no Líbano. Os que estão plantados na casa do Senhor florescerão nos átrios do nosso Deus. Na velhice ainda darão frutos, serão viçosos e vigorosos"** (Salmo 92:12 a 14). Repare que nos textos estão certas condições: os que esperam no Senhor renovam suas forças; o justo, que permanecer na casa de Deus, na velhice florescerá e dará frutos.

Então fica claro que, se você quer viver a abundância de dias prometida por Deus, que vem com vigor, produtividade, felicidade e vida, precisa preencher essas condições: permanecer em comunhão com Deus, ser fiel a Ele, conviver em Sua casa e fazer a Sua vontade. Ele honrará Sua palavra.

Oração

Pai querido,
sei que envelhecerei, mas quero viver
minha velhice com as promessas que o
Senhor tem para mim: com vigor, propósito
e realizações. Quero viver cada momento na
Sua presença e fazendo a Sua vontade para
ser produtivo e feliz. Em nome de Jesus,
agradeço o Seu cuidado e a Sua bênção
em cada dia da minha vida.
Amém.

Lhe Mostrarei
a Minha Salvação

Chegamos ao versículo final desse salmo. E aqui a jornada que percorremos por meio das promessas de cada versículo se torna uma gloriosa subida rumo ao celestial destino. A salvação que Deus promete mostrar aos que nEle creem e obedecem. O homem de hoje desconhece o seu final após a morte. Aliás, alguns acreditam que a morte é o final e pronto. Porém, seguindo até aqui, acreditando nesse Deus do salmista e sabendo que Ele tem o maior interesse em Se revelar para você, bem como a Sua salvação, eu lhe convido a despojar-se de qualquer ideia preconcebida e se deixar levar pelos olhos da fé, de versículo em versículo, até o momento final. Em primeiro lugar, salvação, segundo a fé cristã, é uma libertação eterna e espiritual. Lembre-se de que Deus criou o homem para ser a coroa da criação a sua obra mais gloriosa e que viveria em contato face a face com Ele em felicidade e vida eterna. Mas o homem pecou e, portanto, foi destituído dessa glória e perdeu também o direito à vida e se estendeu a nós esse fim: **"Pois todos pecaram e destituídos estão da glória de Deus"** (Romanos 3:23) e **"Porque o salário do pecado é a morte"** (Romanos 6:23). Mas Deus tinha um plano! Alguém tomaria o lugar do homem para pagar o preço e resgatar o homem. E este plano é consumado quando Jesus Cristo, filho de Deus, veio ao mundo para morrer em nosso lugar na cruz. **"Porque Deus amou o mundo** (nesse caso, leia-se você, eu e todos) **de tal maneira que deu o Seu Filho unigênito, para que todo aquele que nEle crê não pereça, mas tenha a vida eterna. Porque Deus enviou o seu Filho ao mundo, não para que condenasse o mundo, mas para que o mundo fosse salvo por ele"** (João 3:16 a 17, comentário da autora). Então, se nos arrependermos de nossos pecados, confessarmos Cristo como nosso Salvador e invocarmos o nome dEle, seremos salvos. Parece simples, não é? Porém, precisamos crer

Sem fé, é impossível agradar a Deus! Ele conhece o nosso coração e sabe quando falamos só da boca para fora. Mas, se você crê, prepare-se para mudanças. Quando falamos que salvação é libertação, é que passamos a viver uma nova vida "em Cristo" e somos transformados, temos uma nova mente, um novo coração e novos hábitos. Passamos a entender o Reino dos Céus, e viver com uma sabedoria que nenhum sábio terreno possui, porque é revelado por Deus aos pequeninos. Adentramos um mundo espiritual que fica até impossível descrever, somente vivenciando! Passamos a viver uma vida sobrenatural com Deus. Recebemos em nosso corpo a presença divina do Espírito Santo, recebemos dons e, por vezes, podemos até vislumbrar nosso lar final. Paulo teve uma experiência assim: **"Conheço um homem em Cristo que há catorze anos (se no corpo, não sei; se fora do corpo, não sei; Deus o sabe) foi arrebatado ao terceiro céu. E sei que o tal homem (se no corpo, se fora do corpo, não sei; Deus o sabe) foi arrebatado ao paraíso; e ouviu palavras inefáveis, que ao homem não é lícito falar"** (II Coríntios 12:2 a 4). Uma explicação se faz necessária: o primeiro céu é o céu atmosférico onde as aves voam; o segundo céu é o espaço sideral onde os astros, os cometas e o restante do Universo existem. E o terceiro céu, acima de tudo, é a morada de Deus, Seu Filho e os anjos. Em razão de tudo isso, Paulo declarou que nada nesse mundo seria mais importante ou valioso. **"Porque para mim o viver é Cristo, e o morrer é ganho"** (Filipenses 1:21). Quando Deus disse que mostraria a Sua salvação, pense em tudo que foi escrito e na gloriosa visão de Paulo, que transformou sua forma de pensar, viver e crer. Ouse ser como Ele. **"Prepare-se para ver a Salvação do Senhor!"**